THÈSE

POUR

LA LICENCE.

TOULOUSE,
TYPOGRAPHIE GIBRAC OUVRIERS RÉUNIS,
RUE SAINT-PANTALEON, 3.

A MON FRÈRE.

FACULTÉ DE DROIT DE TOULOUSE.

ACTE PUBLIC

POUR

LA LICENCE

En exécution de l'Article 4, Titre 2, de la Loi du 22 Ventôse an XII.

SOUTENU PAR

M. COTTON (Eugène-Amédée),

Né à Malemort (Vaucluse).

Jus Romanum.

De Compensationibus.

DIG. LIB. XVI, TIT. II.

INST. JUST. LIB. IV, TIT. VI, §§ 30, 39.

Evidenter cùm sunt duo creditor et debitor invicem, meliùs est unicuique non solvere, quàm post solutionem solutum repetere; itaque hæc debiti et crediti inter se contributio, tollens minimam obligationem, quæ dicitur compensatio, lege romanâ et pluribus aliis includitur.

Quam scribimus, definitio compensationis semper vera fuit et justa; sed ad studendum hunc modum obligationes tollendi, omittere non permissum est compensationis originem et ejus progressus.

Sectio Prima.

§ 1er. — *Quomodò fit Compensatio?*

1° *Antè Justinianum.* Quoniam creare videtur compensationem æquitas, maximè verisimile est originem compensationis ponendam esse, tempore quo jure honorario introducebatur æquitas et justitia.

Cùm vigebant formulæ, discernendum erat, ut omnes sciunt, stricti juris actiones, aut bonâ fide; et cùm in bonæ fidei judiciis permittebatur judici habere rationem ex bono et æquo ejus quod invicem actor debere poterat, ex eâdem causâ quâ agebat, compensatio efficiebatur officio judicis sine exceptionis ope. In aliis contrà stricti juris judiciis, auxilium præbere debuit Prætor doli exceptionem debitori qui compensationem opponere poterat, existimans dolum inesse actione creditoris qui totum debitum petebat, omisso debitoris jure contrario. Et si auditur sententia Pauli (§ 3, liv. 2, tit. 5), non solùm compensationem patietur creditor, sed plùs petitionis pœnam, et omni jure cadet; nisi actor ipse hanc exceptionem veram admiserit. Tandem Marci Aureliani extenditur compensatio in omnibus actionibus stricti juris aut bonæ fidei rescripto quod vim legis et constitutionis imponit prætoris moribus.

Non omittendum est saltem nominare argentarii compensationem quæ singulares recipit regulas, et emptoris bonum deductionem.

Cùm tabulas maximè ordinatas servare debebat argentarius, illi jussum erat semper deducere à suis creditis quod ipse debebat; et illa compensatio in intentione formulæ notanda erat, sicut dicit Gaïus § 68, comm. 4. Ratio compensationis in intentione ponitur, quo fit ut si factâ compensatione plùs nummo uno intendat argentarius, causâ cadat, et ob id rem perdat.

Item debet agere cum deductione, bonorum emptor qui obtinuit debitoris non solvendo bona, si agit contrà adversarium qui defraudatorem habet debitorem, et hanc exceptionem opponere potest emptori bonorum. Sed in hoc casu non se habet res ut apud argentarium, nàm non erit periculum plùs petitionis, si plùs agat bonorum emptor, quia deductio non in intentione ponitur, sed ad condemnationem; ità ut, quamvìs certam pecuniam petet emptor, incerti tamen condemnatio concipienda erit.

2° *Post Justinianum.* Hoc tempore, unica est regula scilicet, compensationes ità effici ut actiones, *ipso jure* minuant, sive in rem, sive in personam, sive in alias quascumque (§ 30, tit. 6, Inst. Just.) Disputatur tamen de interpretatione horum verborum : *ipso jure*. Illorum qui putant compensationem fieri vi solâ legis et non judicio, nititur sententia lege 10 de compensationibus, quæ debitori qui compensationem neglexit condictionem indebiti tribuit, quasi extinctum fuit jus petitionis; fragmentis 4 et 5 Cod. hoc titulo, quibus cessant usuræ apud quantitatem concurrentem in duobus debitis, et tandem Pauli sententiis quæ plùs petitionis pœnam statuunt. Sed contrà maximè firma stant argumenta lege 7, Dig. hoc. tit., quâ statutum est manere salvam petitionem, si debitor compensationem non opposuit, aliâ quâ manet debitor unus reus, cùm duo aut plures sint, quamvis stipulator alteri reo pecuniam debeat, et tandem in omissione compensationis inter modos obligationes extinguendi. Quamvis nobis difficillimè videatur certam opinionem præstare, nobis magis placuit ultima sententia quæ compensationem magis tollendi obligationes in judicio existimat quàm ipso jure.

Sectio secunda.

§ 1. — *Quale debitum per compensationem excludi possit ?*

Qualecumque fuerit debitum quod à nobis petatur, et ex quâcumque causâ procedat, sive ex jure civili aut ex edicto prætoris compensatione potest alterius debiti excludi. Sed antè Justinianum in rem actiones compensationem non admittebant. Etenim ad illam admittendam distinguendæ erant actiones stricti juris aut bonæ fidei quæ in personam semper erant. Sed sub Justiniano de compensatione non discernere est in personam aut in rem actiones.

Sic, si ex venditione pretium creditori debetur, compensationis opponitur ratio; vel in stipulationibus quæ instar actionum habent, id est, prætoris. Ità erit de illis qui judicati conveniuntur actione, aut noxâ ; aut ob causam delicti, si de eâ re saltem pecuniariè agitur.

Sed nobis videtur non admitti compensationem in delictis.

Pariter in duobus casibus non est opponenda compensatio ; primò, causâ depositi, quia qui depositum accepit quamvis fungibilis sit res, de redditione certi corporis tenetur; secundò, si spoliatio fuit ; certum est enim spoliatum antè omnia restituendum.

§ 2. — *Adversùs quos admittitur compensatio.*

Non solùm adversùs privatos creditores admittitur, sed etiam adversùs rem publicam et fiscum. Sed tamen in hoc casu variæ exceptiones sunt ; cùm debetur pecunia quæ sumptibus statutis servit ; cùm non est eadem statio quæ petit et cui debeat.

Sectio tertia.

Quæ debita in compensationem adduci possunt.

Regulas dicamus, sub Justiniano statutas, animadvertendo tamen quæ erant discrimina antiquo jure.

1° *Oportet debitum esse reverà quod adducitur in compensationem.* Itaque, si per exceptionem perimi possit debitum, in compensationem non venit. Sed quid de præscriptione quæ jus petendi tollit, dùm quod naturâ debetur in compensationem venit ? Nobis videtur tolli præscriptione simul jus civile et naturæ, cùm in libris Digesti manifestatur nullam esse fidejussionem adjunctam debito tempore extincto (Dig. 46, 1, l. 37), dùm natura debitum stans firmari potest fidejussione. Itaque nobis magis placuit sententia quæ debitum tempore quassatum a compensatione excludit.

Condictio indebiti compensationi erit verum argumentum, sed quamvis injustum sit judicatum, quod judicati causâ solutum fuerit compensatio ejus non admitti poterit.

2° *Præsens.* Præsens est debitum quod diem ex lege conventionis non habet; sed si ex indulgentiâ dies expectari solet, non impedit compensationem. Aliud enim est non venisse diem compensationis, aliud humanitatis gratiâ tempus indulgeri solutionis. Facilè intelligitur extrà compensationem esse sub conditione debitum, cùm conditio condictionem indebiti permittit, si antè illam peractam solutio facta fuit. Cùm de emptore bonorum agebatur antiquis regulis, dies adjectus debitis defraudatoris compensationem non impediebat, diem enim perdebat quia solvendo non erat defraudator, et ex consequentiâ bonorum emptor.

3° *Liquidum.* Liquidum dicimus quod et cujus quantitatem confitetur adversarius, aut quod brevi et summariè probari poterit, maximè si jàm super eo lis esset contestata.

Antè Justinianum, cùm vigebant formulæ et compensationem creabat judex, inutile erat liquidum esse debitum antè sententiam, nisi de argentario agebatur qui compensationem prævidens, illam efficere debebat petitione.

4° *Fungibiles esse debent res invicem debitæ.*—Hæc regula quam admittit, vel exigit justitia, semper non admissa fuit, maximè in formulis, cùm condemnatio semper pecuniaria erat et ex consequentiâ semper eâdem naturâ videbantur res debitæ.

Sed oportet-ne eamdem originem res habere ? In principio exceptio compensationis a reo opposita nullum vigorem habebat nisi ex eâdem origine quâ actio fluebat, sed posteà admissa fuit ex dispari causâ saltem bonæ fidei actionibus; tandem cùm in actionibus stricti juris admissa fuit compensatio, cùm in illis unicum vinculum erat, impossibile fuit non admitti compensationem ex dispari causâ, et constitutione divi Marci nulla exceptio hâc regulâ introducta fuit.

Itaque vix intelligitur sententiam Gaii Justiniano approbatam fuisse tit. 6 de actionibus § 39, opponendas esse compensationes solùm cùm invicem debitæ præstationes ex eâdem causâ descendunt. Et magìs intelligimus Gordiani sententiam, Cod. h. t., inclusam, sic expressam : si propter fructus ex possessione tuâ perceptos vitricus tuus debitor tibi constitutus est, cùm id quod à matre tuâ ei legatum est a te petere cœperit, mutuò debitæ quantitatis, apud eum qui super eâ judicaturus es, compensationem non immeritò objicies.

5° *Quod in compensationem adducitur debitum esse debet ipsimet qui convenitur.*— Sic non opponenda est exceptio compensationis in id quod meus creditor debet meis filiis aut meo patri.

Tamen de cautionibus est exceptio, et si a fidejussore petetur, æquissimum est fidejussorem compensationem opponere in id quod reo debetur. Et facilè intelligitur hujus sententiæ ratio, cùm substantiâ fidejussoriæ obligationis continetur, fidejussorem in plùs non teneri posse quam reum principalem.

Sed extrà hanc exceptionem firma manet regula; nam vel cùm correi sint duo, non proderit alteri cùm stipulator alteri reo pecuniam debeat.

6° *Debitum esse debet quod in compensationem adducitur ab ipsomet qui petit.* Sequitur ex hâc regulâ, si tutor petat quod pupillorum nomine debetur, non posse compensationem objici ejus pecuniæ quam ipse tutor suo nomine adversario debet. Multò magis, si cùm militi castrensium bonorum alius, cæterorum alius hæres exstitit et debitor alteri hæredum obligatus, compensare velit quod ab alio debetur, non audietur.

Compensatio tamen erit in favore rei qui à domino actus dicit servum hujus domini illi debere intrà finem peculii. Si creditor suum nomen cessit, qui cessionem obtinuit pati-ne debet compensationem quam reus opponere posset antiquo creditori? Affirmativa admittenda est, si causa compensationis antè cessionem originem cepit, nam qui cessit plùs juris in alium transfere non potuit, quàm ipse habebat. Tandem animadvertendum est non impediri compensationem diversitate loci qui solutioni adjectus est; ità tamen ut habeatur in compensatione ratio ejus quod intersit eo loco solvi.

Code Napoléon.

Conditions substantielles et intrinsèques de la validité de l'adoption, et nullités qui dérivent de leur absence.

Puisque nous n'avons pas à étudier l'institution tout entière de l'adoption, ni à décrire ses effets plus ou moins directs, il nous paraît oiseux de remonter le cours des âges pour décider à quelle époque l'adoption est devenue une institution de droit civil ; aussi, nous ne dirons de son histoire que ce qui nous paraît absolument essentiel à la solution de quelques questions débattues qui pourront se rencontrer dans le cours de notre discussion.

Il est certain que l'adoption fut à peu près étrangère aux lois et aux mœurs de la France jusqu'au moment de la Révolution ; et c'est pour la première fois que le mot même d'adoption fut prononcé par le législateur, lorsque le 18 janvier 1792, l'Assemblée législative décréta que son comité de législation comprendrait dans son plan général des lois civiles, celle relative à l'adoption. Cependant, sur la foi de cette espèce de promesse législative, plusieurs adoptions se firent, sans forme déterminée et la Convention elle-même en donna l'exemple.

Quand il s'est agi de créer un corps de lois complet et harmonique, l'adoption ne fut pas comprise dans le projet du Code Napoléon, et elle n'y fut introduite que d'après les observations de la Cour de Cassation et de quelques Cours d'appel auxquelles le projet avait été renvoyé. Un parti considérable dans le Conseil-d'Etat la repoussait même d'une manière absolue. On disait, pour soutenir cette opinion, que l'adoption était inutile, parce que les lois offraient à la bienfaisance d'autres moyens de s'exercer ; qu'elle était dangereuse, parce qu'elle fournissait un aliment aux vanités du régime nobiliaire et favorisait le célibat et la corruption des mœurs ; qu'elle était immorale enfin, parce qu'elle plaçait un enfant entre la fortune et l'abandon de ses parents.

Le premier Consul soutint d'abord énergiquement que l'adoption devait être une imitation parfaite de la nature, et devait arracher complétement l'enfant à sa première famille pour lui en donner une toute nouvelle. Mais cette mutation absolue de famille, et cette fiction qui consistait à faire produire par l'adoption une imitation complète de la nature, devinrent autant d'idées abandonnées, lorsque fut reprise, après une année d'interruption, la discussion du Code Napoléon, au 27 brumaire an XI ; et il fut admis que l'adoption ne serait plus qu'un moyen d'offrir une illusion de paternité à ceux qui n'auraient pas eu d'enfants ou auraient eu le malheur de les perdre, ou bien encore un mode de reconnaissance inspirée par un grand dévoûment. Aussi, comme conséquence du principe nouveau établi dans la discussion, il a été décidé par notre Code que l'enfant adopté resterait dans sa famille naturelle, en y conservant tous ses droits ; que le rapport de parenté créée par l'adoption n'existe qu'entre l'adopté et l'adoptant, et ne s'étend point aux parents de ce dernier ; que l'adoption est permise aux célibataires ; qu'un époux peut adopter sans que son conjoint adopte de son côté ; enfin, qu'il peut quelquefois n'y avoir entre l'âge de l'adoptant et celui de l'adopté qu'une très-légère différence ; ce qui prouve bien évidemment, qu'il n'est pas du tout entré dans l'esprit des rédacteurs de notre Code que l'adoption dût être une représentation parfaite de la nature.

Dès-lors, nous pouvons en toute sûreté définir maintenant l'adoption, un contrat judiciaire qui, sans faire sortir l'adopté de sa famille, établit entre lui et l'adoptant des rapports purement fictifs de paternité et de filiation.

2

CHAPITRE PREMIER.

Section Première.

Conditions substantielles requises pour adopter.

§ 1er. — *Adoption ordinaire.*

1° L'adoptant doit être âgé de cinquante ans accomplis (art. 343). Il faut, on le conçoit, qu'il ne puisse plus guère espérer d'enfants, s'il est marié, ou que la faculté de se créer une descendance fictive ne le détourne pas du mariage, s'il n'est pas marié.

2° L'adoptant doit avoir au moins quinze ans de plus que la personne qu'il se propose d'adopter. Autrement, comme disait M. Berlier, dans l'exposé des motifs, la protection légale qui doit résulter de l'adoption, perdrait toute sa dignité.

3° Il faut qu'il jouisse d'une bonne réputation (art. 355). C'est aux magistrats qu'il appartient de garantir par leur examen la dignité de l'adoption et d'en éloigner toute pensée impure; leur pouvoir à cet égard est d'autant plus discrétionnaire, que la loi ne les force pas de motiver leurs décisions.

4° Il faut que l'adoptant n'ait, à l'époque de l'adoption, ni enfants, ni descendants légitimes (art. 343). La loi n'a pas voulu que l'adoption pût préjudicier aux enfants nés du mariage; et d'ailleurs, le motif essentiel de l'adoption n'existe plus pour celui qui a des descendants légitimes, quelles que soient leur ingratitude ou leur indignité.

Il est bien certain que la présence d'un enfant naturel reconnu, mais non légitimé, ou celle d'un enfant adoptif ne fera pas obstacle à l'adoption; il est bien certain aussi que la survenance d'un enfant légitime postérieurement à l'adoption, ne porterait aucune atteinte au droit désormais acquis ; mais l'on peut se demander s'il suffit que l'enfant ou le petit-enfant légitime de l'adoptant soit conçu à l'époque de l'adoption, pour que celle-ci doive être déclarée nulle.

L'affirmative se soutient solidement par l'application de la formule aussi morale que juridique : *Conceptus pro nato habetur, quotiescumque de ejus commodis agitur*, et la négative, fort mal défendue par cette raison qu'on ne peut pas reprocher à l'adoptant d'avoir préféré un étranger à son enfant encore dans le sein de sa mère, et dont la grossesse pouvait être ignorée, ne se présente sous un aspect plus raisonnable que lorsqu'elle se retranche derrière la fixité et l'immuabilité du contrat d'adoption, révélées par l'exigence des conditions légales de l'adoption, au moment même où elle se forme. Cependant nous adoptons le premier point de vue.

Mais comment fixer le moment de la conception ? faut-il toujours suivre les présomptions de l'art. 312 ? Oui, pour les limites *maximum* et *minimum* de la durée de la gestation ; mais quand la question du délai s'agitera entre les 300 et les 180 jours, ce sera une question de fait complétement laissée à l'appréciation du juge.

Quid de l'absence d'un enfant légitime ?

Pourrait-elle équivaloir à sa mort, pour permettre une adoption ? Evidemment non, pendant la période de l'envoi provisoire, et même, pendant la période de l'envoi définitif, la mort de l'absent n'étant pas démontrée et l'adoption ne pouvant pas être formée sous condition résolutoire, il nous paraît plus juridique de décider que l'adoption ne saurait être permise.

5° Si l'adoptant est marié, il doit obtenir le consentement de son conjoint, sans distinguer si c'est la femme ou le mari qui se propose d'adopter. (Art. 344).

Il ne faut pas, en effet, que l'adoption devienne dans le ménage, une cause permanente de désunion et de trouble. Aussi le consentement personnel du conjoint est-il absolument nécessaire, et ne peut-il être remplacé par aucune espèce d'autorisation de justice. Nous croyons même que ce consentement sera toujours essentiel, même dans le cas où les époux seraient séparés de corps.

6° Enfin, il faut que l'adoptant ait fourni des secours et donné des soins non interrompus à celui qu'il se propose d'adopter, dans sa minorité et pendant six ans au moins. (Art. 345). Cette disposition a pour but d'empêcher que l'adoption ne soit l'effet d'une affection capricieuse, et elle a pour résultat de n'admettre des liens de parenté et de filiation qu'entre personnes qui ont déjà éprouvé leur attachement et dont la plus âgée a pu conquérir légitimement l'affection de la plus jeune par les secours donnés à cette dernière, dans l'âge où ils lui étaient le plus nécessaires.

Il est bien évident que ces soins ont dû être désintéressés; mais quand même ils auraient été commandés par la qualité de tuteur qu'a eue l'adoptant vis-à-vis de son futur enfant adoptif, il ne nous semble pas qu'il y ait là une raison suffisante pour prohiber en thèse générale les liens de l'adoption entre le tuteur et le pupille, en réservant toutefois aux tribunaux une légitime appréciation des circonstances.

Ici se place, ce nous semble, tout naturellement une question vivement controversée et célèbre, aussi-bien par les tergiversations des docteurs qui l'ont traitée, que par les fâcheuses oscillations de la jurisprudence de la cour suprême. L'enfant naturel reconnu peut-il être adopté?

Nous adoptons la négative; et, sans nous préoccuper tout d'abord des armes fournies par nos adversaires, soutenons-la par une sérieuse argumentation, sans phrases, sans développements ambitieux, avec la rigueur d'une déduction mathématique.

1° Adopter, c'est faire devenir légalement enfant celui qui ne l'était pas; or, on ne peut pas *faire devenir* enfant celui qui l'*est* déjà. C'est là une impossibilité que le législateur n'a pas créée, mais que la nature des choses a faite et qu'une loi nouvelle ne pourrait pas faire disparaître. L'adoption est un choix (*optare*); on ne peut pas *choisir* comme enfant celui qu'on a *engendré*.

2° Adopter un enfant naturel légalement reconnu, ce serait, puisqu'on ne peut pas le faire *plus enfant* qu'il ne l'est déjà, le faire légitime, le légitimer en dehors du seul mode de légitimation permis par la loi française, le mariage subséquent.

3o Le texte de la loi proteste avec toute la brutalité d'un chiffre et d'un fait contre l'adoption de l'enfant naturel. L'art. 346, en soumettant l'adopté, qui n'a point encore 25 ans, à l'obligation de rapporter le consentement de ses père et mère, l'art. 347, en déclarant que l'adoption donnera à l'adopté le nom de l'adoptant qu'il ajoutera à son nom propre; l'art. 348, en supposant une famille de laquelle sort l'adopté pour entrer dans une autre; l'art. 349, en ordonnant à l'adopté et à l'adoptant de s'aimer et de se secourir, de se nourrir, comme si des liens de paternité et de filiation naturelle existaient entre eux; toutes ces dispositions supposent-elles que l'adoptant et l'adopté sont déjà l'un à l'autre père et fils? Pourraient-ils recevoir un semblant d'application dans cette hypothèse?

4° L'esprit de la loi n'est pas moins incompatible que son texte avec l'opinion que nous combattons; car enfin, si la loi a voulu récompenser par le bénéfice de l'adoption, celui qui, pendant six ans, s'est dévoué volontairement et sans obligation à la faiblesse et à la jeunesse d'un enfant, pense-t-on qu'elle ait voulu récompenser celui qui n'aura fait que son devoir en aimant et en élevant son enfant?

5o Les articles 757 et 908 défendant à l'enfant naturel de reeevoir de ses parents, par donation ou *ab intestat*, au-delà d'une certaine part moindre que celle de l'enfant légitime; permettre l'adoption d'un enfant naturel, lorsque la reconnaissance lui a déjà donné quelques-uns des droits consacrés par l'adoption, c'est tout simplement faire aboutir l'adoption à n'être qu'un masque pour déguiser l'incapacité de l'enfant naturel et lui permettre de recevoir comme un enfant légitime.

Que l'on dise maintenant que tout ce qui n'est pas défendu par la loi est permis, et que la reconnaissance d'un enfant naturel n'est point formellement défendue par la loi; que l'on prétende que notre opinion est bien dure; que l'on rappelle enfin que les rédacteurs du Code ont si peu voulu prohiber l'adoption de l'enfant naturel, qu'ils ont rejeté un article du projet qui précisait cette défense ; que l'on compare cette argumentation à l'ensemble de raisons plus haut exposé, en se souvenant cependant, pour répondre à la dernière observation, que le rejet de l'article a eu lieu lors des premières discussions sur le titre de l'adoption, quand on soutenait qu'elle faisait *tout à fait* entrer l'enfant dans une famille *nouvelle* ; que l'on se souvienne aussi que lorsque plus de onze mois après, la discussion fut reprise au 27 brumaire an XI, M. Treilhard soutenait sans contradiction la même opinion que nous ; et puis, que l'on juge impartialement la valeur des armes des défenseurs de chaque opinion, et nous ne craignons pas la comparaison. Nous reconnaissons cependant combien il peut être facile d'hésiter, quand on songe que Merlin a changé trois fois d'opinion sur cette question-là, et que la Cour de Cassation elle-même, instituée cependant pour maintenir l'unité dans la jurisprudence, a commencé à décider en 1841, qu'un enfant natnrel pouvait être adopté, a rétracté son opinion en 1843, et enfin en 1846 est revenue à sa première décision.

Il est une autre question qui, quoique beaucoup moins importante, mérite cependant, par les controverses auxquelles elle a donné lieu, d'arrêter un instant notre attention ; c'est celle-ci : Le prêtre catholique peut-il adopter ? Non, répondent plusieurs personnes, parce que l'adoption est une imitation de la nature et que le prêtre ne peut se marier, et parce que l'esprit de l'église ne permet pas au prêtre d'avoir une famille en dehors de celle des pauvres. Mais comme il est très-facile de répondre à chacune de ces raisons par des raisons de la même force, en soutenant : 1° qu'il n'est pas vrai de dire que l'adoption soit toujours une imitation de la nature, puisque, pour n'en citer qu'un cas, il peut arriver quelquefois que l'adoptant ne soit que de très-peu plus âgé que l'adopté ; 2° qu'il est faux de poser en principe qu'il soit défendu par un texte de loi au prêtre de se marier ; 3° que la qualité de père et celle de prêtre ne sont pas incompatibles, puisque l'on a vu des hommes veufs arriver même à la dignité épiscopale, entourés de leur famille ; 4° enfin, qu'aucun canon de l'Eglise ne défend l'adoption au prêtre, et que des évêques même ont soutenu qu'il n'y avait aucune prohibition d'une pareille adoption : nous inclinerions assez à penser qu'il ne faut pas créer de nouvelles incapacités en dehors de celles formellement prévues par la législation.

Deux époux peuvent-ils être adoptés par la même personne ? Oui. *Non obstat* art. 348.

§ 2. — *Adoption rémunératoire.*

1o La première condition exigée pour cette espèce particulière d'adoption, c'est que la personne qui doit être adoptée ait sauvé la vie à l'adoptant, soit dans un combat, soit en le retirant des flammes ou des flots (art. 345). Il est bien entendu, du reste, que ce texte n'est point limitatif, et qu'il y aurait même raison de l'appliquer, si l'adoptant avait été sauvé d'un coup de poignard, ou d'une asphyxie au fond d'un puits ou d'une mine. Mais il importe que l'adopté n'ait sauvé la vie de l'adoptant qu'en exposant la sienne, et sans y être engagé par aucun devoir de sa profession. Ainsi, l'on n'autoriserait pas l'adoption rémunératoire projetée pour récompenser un avocat qui aurait sauvé la vie à son client, même quand la défense aurait été périlleuse ; ou un médecin qui vous aurait sauvé même d'une maladie contagieuse ;

2o Il faut que l'adoptant n'ait ni enfant ni descendant légitime ;

3o Il faut aussi qu'il obtienne le consentement de son conjoint ; mais il suffit qu'il ait un jour de plus que l'adopté, et il est presque naïf de dire qu'il n'est pas soumis à l'obligation d'avoir donné pendant six ans des soins à son fils adoptif.

§ 3. — *Adoption testamentaire.*

(366). 1o Le testament qui confère l'adoption au pupille, doit avoir été fait par le tuteur officieux, après cinq ans révolus depuis la tutelle. Comme il s'agit là d'une véritable question de capacité et que la capacité du testateur est exigée, aussi-bien à l'époque de la confection du testament qu'à l'époque de la mort, il faut décider que le testament fait avant cinq ans révolus depuis la tutelle ne serait pas valable lors même que le tuteur ne serait mort qu'après l'expiration des cinq ans ;

2o Il faut que le tuteur officieux soit décédé avant la majorité du pupille. Cependant, s'il était décédé fort peu de temps après l'avénement de cette majorité, sans qu'il eût été possible de procéder aux formes de l'adoption ordinaire, il appartiendrait, ce nous semble, aux tribunaux de décider si l'adoption testamentaire doit ou non être maintenue ;

3o Il faut enfin que le tuteur officieux ne laisse point d'enfants légitimes, c'est-à-dire qu'il n'en ait point au moment de sa mort, quand même il en aurait eu au moment de la confection du testament ; mais il n'est pas essentiel qu'il obtienne le consentement de son conjoint, soit parce qu'il l'a obtenu pour être tuteur (362), soit parce que l'adoption n'aura d'effet qu'à sa mort, à la dissolution de la communauté conjugale.

Section II.

Conditions requises pour être adopté.

§ 1er. — *Adoption ordinaire.*

1o L'adopté doit être majeur (346). Il faut, en effet, que puisqu'il dispose irrévocablement de sa personne et de son état, il ait une complète maturité d'esprit.

Si l'adopté ne pouvait pas représenter son acte de naissance, on y suppléerait par un acte de notoriété, conformément aux articles 70 et 71 ;

2o Si l'adopté n'a point vingt-cinq ans accomplis, il faut qu'il obtienne le consentement de ses père et mère ou du survivant, et s'il est majeur de vingt-cinq ans, qu'il requière leur conseil (346). La disposition du Code sur ce point est, à certains égards, plus rigoureuse que celle qui exige la même condition pour le mariage, puisque, dans ce dernier cas, la fille n'est tenue d'obtenir le consentement que jusqu'à vingt-un ans, et que l'art. 346 ne fait aucune distinction entre le fils et la fille; et sous d'autres rapports, la loi est moins sévère, car, à défaut des père et mère, la loi n'exige pas pour l'adoption le consentement des ascendants du degré supérieur, et qu'après l'âge de vingt-cinq ans, un seul acte respectueux suffit.

Mais l'époux qui se donne en adoption est-il obligé d'obtenir le consentement de son conjoint? Il est bien certain que la femme ne pourra pas disposer d'elle-même sans l'autorisation de son mari; mais nous ne croyons pas que ce dernier soit obligé de demander le consentement de sa femme; nous croyons même que le second alinéa de l'art. 344 fournit en ce sens un argument *à contrario*.

3o Il faut que l'adopté n'ait pas déjà été adopté par une autre personne, si ce n'est par le conjoint de l'adoptant.

Voilà les seules conditions exigées du côté de l'adopté; faut-il maintenant y ajouter d'autres prohibitions, et refuser à l'étranger, par exemple, ou à l'interdit légal ou judiciaire, la faculté d'obtenir le bienfait de l'adoption? Nous ne le croyons pas, surtout dans les deux derniers cas, parce que là où il n'y a point empêchement au mariage, il nous semble qu'il ne peut pas y en avoir à la faculté de se faire adopter.

§ 2. — *Adoption rémunératoire.*

Aucun texte ne modifiant ici, en ce qui concerne l'adopté, les conditions de l'adoption ordinaire, elles doivent demeurer les mêmes.

L'on peut cependant avoir quelques doutes sur le point de savoir si l'impossibilité de se faire adopter par deux personnes, à moins qu'elles ne soient conjointes, doit s'appliquer aussi à l'adoption rémunératoire.

Les raisons de douter paraissent se tirer d'abord de ce que les articles 345 et 346 expriment d'une manière complète les conditions auxquelles sera soumise l'adoption rémunératoire, et qu'ils ne mentionnent point cette prohibition énoncée seulement pour l'adoption ordinaire ; et il faut même l'avouer, cette première raison se corrobore quand on voit que le législateur a pris bien le soin de répéter dans les articles 345 et 346 relatifs seulement à l'adoption rémunératoire, deux des conditions exigées pour l'adoption ordinaire, l'absence d'enfants légitimes et le consentement du conjoint. De plus, il n'y a rien d'étonnant à admettre cette adoption faite par plusieurs personnes, contrairement aux règles de la nature, quand on voit que la loi néglige l'imitation de la nature par l'adoption, au point de la permettre entre personnes à fort peu de chose près du même âge. Nous pencherions donc volontiers vers l'opinion qui affranchit l'adoption rémunératoire de l'impossibilité d'être adopté par deux personnes non conjointes.

§ 3. — *Adoption testamentaire.*

Cette adoption peut avoir lieu au profit d'un mineur ; elle ne peut même avoir lieu qu'à son profit, puisque précisément le testament deviendrait nul, si le tuteur ne décédait pas avant la majorité du pupille.

Cette adoption ne peut pas s'accomplir de plein droit, ni par la seule volonté du tuteur officieux. Il faut qu'elle soit acceptée ; mais comme elle ne pourra l'être que par les représentants du mineur qui n'auront peut-être pas le droit de l'engager irrévocablement, le mineur devenu majeur, devra pouvoir répudier l'adoption qui aurait été acceptée ou accepter celle qui aurait été répudiée.

CHAPITRE II.

SECTION PREMIÈRE.

Formes de l'adoption contractuelle.

Les formes ou conditions extrinsèques de la validité de l'adoption sont au nombre de trois principales ; il faut :

1o Un acte reçu par le juge de paix et renfermant les consentements respectifs des parties ;

2o L'homologation de cet acte par le pouvoir judiciaire ;

3o L'inscription de l'adoption sur les registres de l'état-civil.

1o *Contrat passé devant le juge de paix.* — La personne qui se propose d'adopter et celle qui voudra être adoptée, devront se présenter devant le juge de paix du domicile de l'adoptant, pour y passer acte de leur consentement respectif (art. 353). Voilà la base de l'adoption, mais il ne faut pas croire que ce contrat soit irrévocable au point de tenir toujours, malgré le consentement mutuel de chacune des deux parties ; seulement il ne sera pas révocable par la volonté de l'une d'elles ; on peut même soutenir que l'ingratitude de l'adopté n'est pas une cause suffisante de révocation.

Les parties ont-elles besoin de comparaître en personne devant le juge de paix ? Il est probable que non.

2o *Homologation du pouvoir judiciaire.* — Une expédition de l'acte passé devant le juge de paix, est remise dans les dix jours par la partie la plus diligente, au procureur impérial du tribunal du domicile de l'adoptant, qui doit donner ses conclusions, lorsque le tribunal, réuni dans la Chambre du Conseil, décidera, sans donner de motifs, s'il y a lieu ou non à l'adoption. Dans le mois, à partir de la prononciation de ce jugement, il sera, sur les poursuites de la partie la plus diligente, soumis à la Cour impériale, qui instruira et prononcera comme le tribunal, mais dont l'arrêt, s'il est confirmatif de l'adoption, sera prononcé en audience publique, et affiché en tel lieu que besoin sera (art. 354 à 358).

Malgré l'indication des délais ci-dessus relatés pour la remise de l'acte d'adoption ou du jugement, nous ne croyons pas que leur écoulement entraîne déchéance. Il est évident, en effet, que les déchéances sont de droit étroit, et que la loi n'en prononce pas dans l'espèce ; il faut remarquer aussi que, nonobstant les dispositions de l'art. 360, qui ne peuvent recevoir ici aucune extension d'application, il n'y aurait aucun intérêt à prononcer des déchéances en cette matière. Mais, faut-il par exemple que l'adoption ait à la fois la confirmation du tribunal et de la cour, ou bien sera-t-elle valable si la cour réforme le jugement qui aurait refusé d'homologuer l'adoption ? Cette dernière opinion nous paraît la seule vraie, parce qu'elle est conforme aux principes généraux de la loi en matière d'organisation judiciaire, qui permet toujours à une cour supérieure de rétracter et d'effacer ce qu'a fait un tribunal, en enlevant toute espèce de valeur à la première décision.

Il est bien entendu que l'arrêt qui rejette une adoption ne pourra être attaqué par la voie du recours en cassation, puisqu'il n'est pas motivé, à moins cependant qu'il n'ait violé les formes requises pour la validité des arrêts.

3° *Inscription sur les registres de l'état-civil.* — Dans les trois mois qui suivront l'arrêt, l'adoption sera inscrite, à la réquisition de l'une ou l'autre des parties, au lieu du domicile de l'adoptant, sur le vu d'une expédition en forme de cet arrêt (art. 359.) Faut-il que l'officier de l'état-civil soit assisté de deux témoins au moment où il fait l'inscription ? Faut-il rédiger un procès-verbal portant la signature de la partie requérante ou l'impossibilité où elle a été de signer ? La solution affirmative nous paraît de beaucoup la plus prudente. Mais, ce ne sont là des questions que d'un bien mince intérêt, en face de celle qui maintenant se dresse devant nous.

Le contrat d'adoption n'est-il parfait que lorsque la dernière formalité de l'inscription a été remplie, ou bien ne l'est-il pas, lorsque les consentements ont été échangés devant le juge de paix, de telle façon que les changements de capacité subis par les parties depuis ce moment-là demeurent sans influence sur le sort de l'adoption ? Le législateur, qui a prévu la question, ne l'a malheureusement résolue que dans un cas particulier, en statuant dans l'article 360, que si l'adoptant venait à mourir après que l'acte d'adoption a été passé devant le juge de paix, l'instruction n'en serait pas moins continuée et l'adoption admise, s'il y avait lieu ; mais il nous semble que la solution partielle fournie par cette disposition sert puissamment à éclairer la question tout entière.

Il est bien certain, en effet, que l'on ne peut plus soutenir en face de ce texte que les conditions requises pour l'adoption doivent persévérer jusqu'à l'inscription ou jusqu'à l'homologation par l'arrêt, puisque l'on peut se passer pour remplir ces formalités, de la vie même de l'adoptant, qui est bien cependant une condition substantielle. Peut-on s'arrêter davantage à cette opinion qui, se basant servilement sur le texte de l'art. 360, qui parle à la fois de *l'acte passé devant le juge de paix et porté devant les tribunaux*, soutient qu'il faut exiger le maintien des conditions requises jusqu'au moment de la remise des pièces au Procureur Impérial? En quoi, en effet, cette remise des pièces mérite-t-elle de former une barrière aussi importante? Fixe-t-elle davantage, comme on l'a soutenu, la volonté de l'adoptant? Evidemment non, puisqu'elle peut être faite par l'une ou l'autre des parties indifféremment. Nous ne croyons pas non plus devoir nous arrêter au système qui, distinguant trop subtilement la capacité de droit de la capacité de fait, demande le maintien de la première, jusqu'à l'homologation de l'adoption par la cour, ou même jusqu'à son inscription, en se contentant de l'existence de la seconde, uniquement au moment de la passation du contrat devant le juge de paix. Non, nous persistons à soutenir que dès que l'échange de volonté a eu lieu devant le juge de paix, l'œuvre des parties est complètement terminée, et que les accidents ultérieurs qui peuvent leur survenir, doivent être sans influence sur la première manifestation solennelle de leurs intentions.

Quid du cas où l'adopté meurt après le contrat d'adoption, l'instruction pourra-t-elle continuer? Quoique au premier abord il semble bien exorbitant d'adopter un homme qui n'existe plus, l'on pourrait puiser dans l'art. 360 une raison de réciprocité qui permettrait d'admettre ce résultat.

Section II.

Formes de l'adoption testamentaire.

C'est surtout la forme testamentaire que la loi exige dans cette sorte d'adoption ; aussi, quel que soit le mode de testament employé, et quand même il ne renfermerait pas de dévolution de biens, l'adoption n'en serait pas moins valable. Il n'est pas permis de douter que cette adoption est révocable comme l'est tout testament ; mais l'on peut s'étonner que la loi n'exige point l'homologation de la justice et l'inscription sur les registres de l'état-civil, et l'on s'est demandé si cette dernière formalité surtout ne devait pas être requise, malgré le silence de la loi. Il serait peut-être prudent d'y procéder ; mais l'on comprend cependant que la loi n'en ait pas fait une obligation, parce que cette adoption testamentaire n'est point irrévocable et peut être annulée sur la demande de l'adopté devenu majeur.

CHAPITRE III.

Nullités dérivant de l'absence des conditions exigées pour l'adoption.

Si l'adoption est irrévocable, il est certain cependant qu'elle peut être déclarée nulle, comme ayant eu lieu en dehors des conditions de la loi : mais malheureusement, aucun texte n'ayant réglementé cette matière, l'on se trouve forcé de créer tout un système ou bien de s'en rapporter aux principes généraux de la loi en matière de contrats.

Nous suivrons cette dernière méthode, et puisque l'on distingue en matière de contrats, les contrats nuls et les contrats annulables, les nullités relatives et les nullités absolues, nous sommes prêt à soutenir cette distinction rationnelle.

L'adoption sera nulle, 1o lorsqu'il y aura eu absence totale de consentement de l'une ou l'autre des deux parties devant le juge de paix ; 2o lorsque le contrat d'adoption n'aura pas été passé devant un juge de paix ; 3o enfin lorsque l'inscription sur les registres de l'état-civil n'a pas eu lieu dans les trois mois à partir de l'arrêt. Mais dans quel cas sera-t-elle annulable ? Ici nous sommes arrêté par des adversaires qui nous opposent d'abord que l'adoption est irréformable, parce que l'homologation des tribunaux est plutôt un acte législatif qu'un acte judiciaire, parce que les parties intéressées à demander la nullité auraient dû présenter leurs observations plus tôt, et enfin parce que la loi n'a rien dit de ces nullités, tandis qu'elle a parlé des nullités du mariage ; secondement, en soutenant que l'on ne sait par quel mode et dans quelles formes on pourrait soutenir une action en nullité d'adoption.

D'abord il n'est pas soutenable que les intéressés aient les mains liées et que les magistrats soient dans l'impuissance de faire tomber un acte qu'on n'a obtenu d'eux qu'en les trompant, si par exemple l'adopté ou l'adoptant a présenté un faux acte de naissance pour se donner un âge qu'ils n'ont point, ou bien encore si l'adoptant a caché la présence d'enfants légitimes. Et qu'on ne vienne pas nous dire que les intéressés ont pu présenter leurs observations. Est-ce que les formes de l'adoption se révèlent publiquement ? Est-ce qu'il existe des publications comme pour le mariage ? Est-ce que tout au contraire ne se passe pas dans l'ombre ?

Devrons-nous être maintenant arrêté par cette difficulté consistant en ce que l'on ne sait devant quel tribunal se pourvoir, ni quel mode de procédure employer pour faire admettre la nullité ? Souvenons-nous tout simplement que l'adoption est faite par le contrat passé devant le juge de paix, que le tribunal et la cour ne jugent pas, mais ne font qu'homologuer un contrat, et que dès-lors la conséquence qui s'induit naturellement de ce principe, c'est qu'il faudra se pourvoir devant le tribunal civil.

Qnel autre mode employer du reste ? La tierce opposition devant la cour ? Mais ce moyen n'est permis qu'à ceux qui auraient pu ou dû être appelés dans l'instance. Le recours en cassation ? Mais comment se pourvoir ainsi contre des arrêts qui ne sont pas motivés.

Cela bien posé, nous croyons qu'il doit y avoir nullité absolue de l'adoption :

1o Si l'adoptant était à l'époque de l'adoption âgé de moins de 50 ans ;

2o S'il avait des enfants légitimes ;

3o S'il n'avait pas au moins 15 ans de plus que l'adopté ;

4° S'il ne lui avait pas effectivement fourni des soins dans sa minorité pendant six ans ;

5° Si les règles de compétence ou de formes nécessaires pour la validité de l'adoption n'ont pas été observées.

Si ces nullités sont absolues, elles peuvent être proposées par l'adoptant comme par l'adopté, et même par tous ceux qui pourraient avoir un intérêt né et actuel.

Ces nullités seront aussi perpétuelles, et ne sauraient dès-lors s'effacer ni par le temps ni par aucune sorte de ratification.

Les nullités relatives nous paraîtraient devoir exister toutes les fois qu'il y aura eu vice dans le consentement des parties, ou lorsque par exemple l'adopté n'ayant pas encore atteint l'âge de vingt-cinq ans, n'aura pas obtenu le consentement de ses père et mère.

Comme conséquence de la qualité de nullité relative, il est incontestable que son exercice ne doit durer que pendant dix ans, d'après le principe général de l'art. 1304 ; et qu'elle ne peut être demandée que par la personne dont le consentement aurait été vicié.

Code de Procédure.

De l'exécution vis-à-vis des tiers des Jugements sujets à opposition ou appel.

(Art. 163, 164, 548, 549 et 550. — C. P. C.)

Il est de principe constant qu'il faut toujours laisser à une partie la possibilité de présenter ses moyens de défense devant la justice, au moins une fois, souvent même deux fois. Aussi, une condamnation par défaut est-elle intervenue, l'on peut se pourvoir par opposition ; une condamnation en premier ressort a-t-elle été prononcée, l'appel est possible. Et pour donner à ces moyens de l'opposition ou de l'appel la plus complète efficacité, il a été décidé par nos lois que l'exécution de la sentence serait suspendue pendant toute la durée du délai de l'opposition, ou par cela seul que l'appel aurait été interjeté. Quand donc l'exécution du jugement ne doit s'adresser qu'à la partie même qui a pris part au procès, il ne lui est jamais permis de se plaindre que cette exécution va entraîner vis-à-vis d'elle des conséquences irréparables : il lui appartient, en effet, d'arrêter le cours de ces poursuites. Mais il peut arriver quelquefois qu'un jugement ordonne des mesures qui ne peuvent être exécutées que par un tiers ; et comme ce tiers ignore si ce jugement peut être attaqué par un moyen quelconque, il pourrait, sans le vouloir, occasionner un énorme préjudice, dont la réparation serait impossible.

Il fallait éviter cette difficulté, et c'est ce qu'ont tenté les articles du

Code de Procédure que nous devons maintenant parcourir. Ainsi, un jugement par défaut ou susceptible d'appel ordonne la radiation d'une hypothèque, opération à laquelle peut seul procéder le conservateur, une main-levée d'opposition à un mariage à réaliser par les soins d'un officier de l'état-civil, l'élargissement de détenus auquel doit procéder le geôlier ; comment ces fonctionnaires seront-ils avertis qu'ils peuvent, sans crainte de préjudicier à personne, poursuivre l'exécution du mandat qui leur a été donné par des jugements susceptibles d'opposition ou d'appel. Voici la réponse :

(Articles 548, 549, 163 et 164 combinés.) Il sera tenu au greffe un registre sur lequel l'avoué de l'opposant et celui de l'appelant feront mention sommaire de l'opposition et de l'appel, en énonçant les dates de ces voies de recours et des jugements attaqués, et aucun jugement par défaut ou en premier ressort ne sera exécuté à l'égard d'un tiers que sur un certificat du greffier constatant qu'il n'y a sur le registre précité aucune mention d'opposition ou d'appel, certificat qu'il faudra présenter au tiers pour mettre sa responsabilité à couvert.

Mais qu'arriverait-il, dans le cas où l'appelant ou l'opposant, se targuant de ce que l'obligation de mentionner leurs recours sur le registre du greffier est dépourvue de sanction légale, l'avait omise, et que le tiers ait exécuté le jugement sur un certificat négatif, tandis qu'en réalité l'opposition ou l'appel étaient déjà faits ? Il est d'abord bien certain que la responsabilité du tiers ne serait point engagée, mais la partie qui aurait obtenu cette exécution d'une façon frauduleuse, serait tenue de réparer le préjudice qu'elle a causé.

Cette question est, il faut l'avouer, d'une solution facile, mais un point beaucoup plus délicat et bien plus débattu, c'est celui de savoir si le tiers peut exécuter complètement le mandat qui lui a été donné par justice, par cela seul qu'on lui présente le certificat négatif d'opposition ou d'appel, ou bien s'il faut qu'il attende l'expiration des délais accordés pour se pourvoir de ces deux manières. Les partisans de la première opinion se fondent sur le texte même des articles précités qui semblent bien ne demander que la représentation du certificat négatif, et soutiennent même que puisque l'on peut exécuter contre la partie condamnée, nonobstant la possibilité d'un appel, il n'y a pas de raison pour empêcher l'exécution mise à la charge d'un tiers. D'autre part, au contraire, on soutient avec assez de raison qu'il n'y a pas identité absolue entre l'exécution d'un jugement réformable poursuivie contre la partie elle-même ou contre un tiers. La partie, en effet, ne peut s'imputer qu'à elle-même de n'avoir pas employé les moyens de réformation, tandis que le tiers peut ignorer s'ils existaient. Et l'on s'appuie surtout sur le texte de l'art. 2157 du Code Napoléon, qui déclare que la radiation d'une hypothèque ne peut jamais avoir lieu qu'en vertu d'un jugement passé en force de chose jugée.

Il nous semble que cette question doit, pour être bien élucidée, s'envisager sous plusieurs aspects. S'il s'agit d'un jugement par défaut faute de conclure, comme d'après l'art. 155, l'exécution ne peut être pratiquée, qu'après la huitaine de la signification à avoué, c'est-à-dire après l'expiration des délais de l'opposition, le tiers sera bien obligé d'attendre qu'il soient écoulés.

Quant aux jugements de défaut faute de comparaître, il est impossible de soutenir qu'il faille attendre l'expiration des délais de l'opposition, puisqu'ils durent jnsqu'à l'exécution elle-même; et ce serait alors tourner dans un cercle vicieux.

Enfin, s'il s'agit d'un jugement en premier ressort, comme contrairement à la règle établie pour le délai de l'opposition, le délai de l'appel n'est point suspensif par lui-même, il nous semble encore plus vrai de dire qu'il n'est pas du tout essentiel d'attendre son expiration.

Maintenant, supposons que le jugement ait prononcé l'exécution provisoire nonobstant opposition ou appel, l'exécution à faire par un tiers sera-t-elle comprise dans ces termes généraux d'exécution provisoire ? Nous ne trouvons aucune raison d'en douter, d'autant mieux que l'art. 135 du Code de Procédure, qui permet l'exécution provisoire en matière de jugement de défaut, indique dans l'énumération des hypothèses où elle peut être prononcée, des cas où il s'agit d'exécution à accomplir par des tiers, tels que des levées de scellés, et des décharges de séquestres ou gardieus.

Droit Criminel.

De l'autorité compétente pour statuer sur les questions contentieuses qui peuvent s'élever à l'occasion de l'exécution des condamnations prononcées par les tribunaux de répression.

Le bon sens, à défaut de la loi, aurait suffi pour décider qu'en toute matière, il est toujours bon d'appliquer la vieille maxime : *Interpretari est leges, cujus condere,* en d'autres termes, que le meilleur juge des difficultés d'une sentence, c'est le juge même qui l'a rendue. Aussi, malgré la lacune regrettable offerte par le Code d'Instruction Criminelle sur la question résolue par l'application de cette maxime, personne n'hésite à l'adopter, aussi-bien en matière de procédure criminelle qu'en matière de procédure civile.

Seulement, il faut combiner ce principe avec celui qui est contenu dans les art. 197 et 375 du Code d'Instruction Criminelle, desquels il résulte que le ministère public a le pouvoir de prendre toutes les mesures nécessaires pour faire exécuter, conformément aux prescriptions de la loi, les dispositions des jugements et arrêts qui prononcent des peines.

Ainsi, il appartient au ministère public seul de régler le mode d'exécution, de requérir les ouvriers, en vertu de la loi du 22 germinal an IV, de faire, par exemple, les travaux nécessaires à la construction d'un échafaud, de faire surseoir à une exécution à mort, dans le cas où il s'agit d'un homme devenu fou ou d'une femme qui s'est déclarée enceinte.

Mais il est évident en même temps que s'il y a réclamation de la part du condamné, s'il s'élève un incident contentieux, la seule interprétation de ce magistrat ne peut suffire, car il n'est nullement investi d'une juridiction pour statuer sur des contestations de cette nature. C'est ce qu'a maintes fois décidé la cour de cassation, notamment dans un arrêt du 27 juin 1845, réformant un jugement du tribunal de

Versailles qui, saisi par appel d'un jugement du tribunal de Pontoise, avait décidé que la juridiction correctionnelle n'avait pas le pouvoir de répondre à une requête présentée par plusieurs détenus, tendant à demander que dans une durée d'emprisonnement de plusieurs mois, les périodes mensuelles se comptassent par trente jours, et avait renvoyé l'examen de la question au ministère public.

La même jurisprudence serait applicable dans le cas où un individu arrêté soutiendrait avoir subi ou prescrit sa peine; et dans toutes ces hypothèses, il devra se pourvoir par requête adressée au président du tribunal ou de la cour qui l'a condamné.

Mais, puisque nous avons déjà fait un emprunt au Code de Procédure Civile, pour combler les lacunes du Code d'Instruction Criminelle, ne pourrions-nous pas, de même que nous faisons passer de l'un à l'autre l'application de l'article 472 du Code de Procédure, ne pourrions-nous pas aussi accorder la même extension à l'article 805 du même Code, qui décide que les demandes en élargissement seront portées au tribunal dans le ressort duquel le débiteur est détenu, et soutenir conséquemment que le tribunal civil du lieu de la détention pourrait statuer définitivement sur la mise en liberté ?

Pourquoi ne pas adopter un pareil résultat? N'y a-t-il point analogie, identité de raison; et la faveur de la liberté qui a donné naissance à l'art. 805, n'est-elle pas aussi précieuse au condamné correctionnel qu'au détenu pour dettes? Comment soutenir, d'ailleurs, que le législateur, qui a voulu éviter au condamné pour dettes une prolongation de détention, s'il est emprisonné à deux cents lieues du tribunal qui l'a condamné, a voulu au contraire faire subir cette aggravation de peine au condamné correctionnel, qui a le droit de prétendre, par exemple, que son emprisonnement est déjà terminé et qu'on le retient injustement?

Qu'on ne s'étonne point d'ailleurs de voir interpréter par un tribunal civil une sentence rendue par un tribunal correctionnel ou même par une cour d'assises. Dès que ce n'est pas le même tribunal qui juge de l'exécution de sa propre sentence, quel inconvénient y a-t-il à nantir le tribunal civil qui est un tribunal de droit commun, qui a la plénitude de juridiction ?

On pourrait même aller jusqu'à se demander s'il n'y aurait pas possibilité d'attribuer à la juridiction des référés la connaissance des difficultés relatives à l'exécution des peines privatives de la liberté, pour leur donner au moins une solution provisoire. Et, dans le doute, il nous semblerait humain et moral d'adopter l'affirmative.

Il ne nous reste plus qu'à dire un mot sur deux incidents relatifs à l'exécution des peines, mais dont heureusement le Code d'Instruction Criminelle s'est spécialement préoccupé.

Le premier, c'est celui de la perte des minutes ou des procédures avant l'exécution des arrêts. Il suffit de lire les articles 521, 522 et 523 pour avoir une idée nette de la solution indiquée par la loi; mais il est bien évident que lorsque l'article 524 parle de procédure *qui sera recommencée*, parce que les preuves de la première ont disparu, le coupable ne doit jamais être condamné à une peine supérieure à celle qu'il avait préalablement encourue. A plus forte raison, la perte d'une procédure ne peut-elle jamais autoriser à remettre en jugement un individu acquitté, et la question de savoir s'il y a eu acquittement antérieur, en supposant qu'elle fasse doute, doit être préalablement jugée par la cour d'assises ou par le tribunal correctionnel.

Le second incident, auquel nous faisions allusion, est celui qui se présente quand il y a doute sur l'identité d'un individu condamné, évadé et repris, ou d'un condamné à la déportation ou au bannissement, qui aura rompu son ban. En vertu du principe général, qui veut que le tribunal qui a prononcé la peine connaisse de son exécution, c'est, d'après l'article 518 du Code d'Instruction Criminelle, à la Cour qui a prononcé la sentence à constater l'identité.

Cette Thèse sera soutenue, en séance publique, dans une des salles de la Faculté, le 7 mai 1855.

Vu par le Président de la Thèse,

BENECH.

Toulouse, Imp. Gibrac OUVRIERS RÉUNIS, rue St-Pantaléon, 3.

TOULOUSE
OUVRIERS RÉUNIS
St-Pantaléon, 3.

www.ingramcontent.com/pod-product-compliance
Lightning Source LLC
LaVergne TN
LVHW020306230826
846091LV00006B/2560

* 9 7 8 2 0 1 3 4 4 9 6 0 1 *